ສົດຫິເດັກ

ຄົມ ສົມອນກິບ

Library For All Ltd.

ສິດທິເດັກ

ພິມຄັ້ງທຳອິດ 2019
ແປແລະພິມຄັ້ງທີ່ສອງ 2021

ຈັດພິມໂດຍ: ອົງການLibrary For All Ltd
ອີເມວ: info@libraryforall.org
URL: libraryforall.org

ປຶ້ມເຫຼັ້ມນີ້ ແມ່ນໄດ້ຮັບການຜະລິດໂດຍ ລັດຖະບານອົດສະຕາລີ ຜ່ານການຮ່ວມມື ສະໜັບສະໜູນການສຶກສາ ຂອງອົດສະຕາລີ ແລະ ປາປົວນິວກີນີ.
ປຶ້ມເຫຼັ້ມນີ້ ແມ່ນໄດ້ຮັບການສະໜັບສະໜູນໂດຍ ມະຫາວິທະຍາໄລແຄນເບຣາ.

ສິດທິເດັກ
ຄົມ ສົມອນກີນີ
ISBN: 978-9932-09-138-6
SKU01194

ລິຂະສິດຮູບຟໍຕີ ຈາກ pixabay.com, pexels.com, unsplash.com ພາຍໃຕ້ລິຂະສິດການນຳໃຊ້ CCO.

ສິດທິເດັກ

ເດັກທົ່ວໂລກ ມີສິດທິ ທຸກຄົນ
ລວມທັງໂຕເຈົ້າເອງ.

ສິດທິ ຄືສິ່ງທີ່ເດັກຄວນໄດ້ຮັບ ທຸ້ກ
ສາມາດເຮັດໄດ້.

ສິດທິເດັກ ແມ່ນສຳລັບບຸກຄົນທີ່ມີ ອາຍຸຕ່ຳກ່ວາ 18ປີ.

ສິດທິເດັກໄດ້ຮັບການສ້າງ
ຕັ້ງຂຶ້ນໃນປີ 1989.
ແຕ່ຫຼາຍຄົນຍັງບໍ່ທັນຮູ້ຈັກ
ກ່ຽວກັບສິດທິເດັກ.

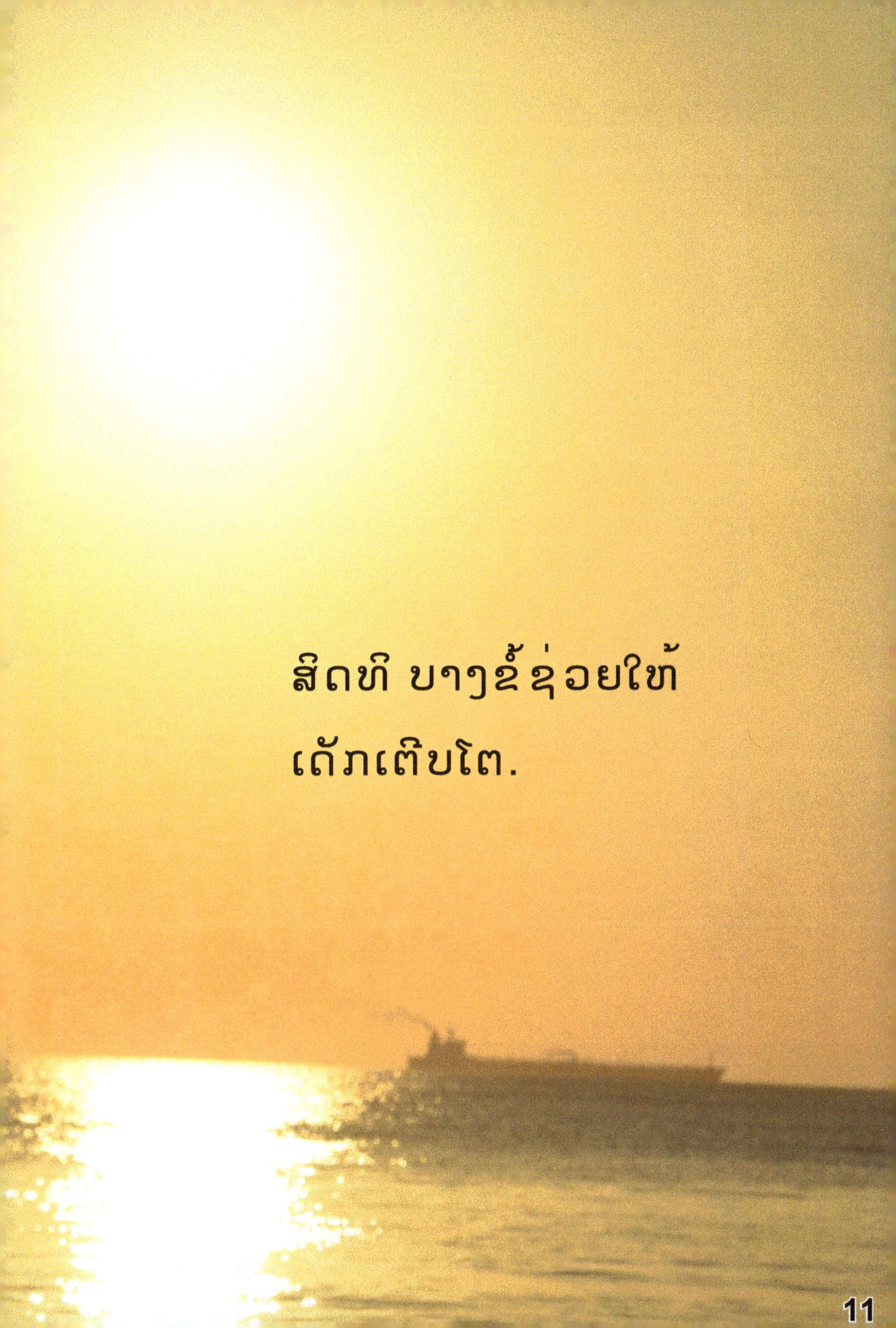

ສິດທິ ບາງຂໍ້ຊ່ວຍໃຫ້
ເດັກເຕີບໂຕ.

ເດັກທຸກໆຄົນມີສິດ
ກິນອາຫານທີ່ມີປະໂຫຍດ
ແລະ ນ້ຳທີ່ສະອາດ.

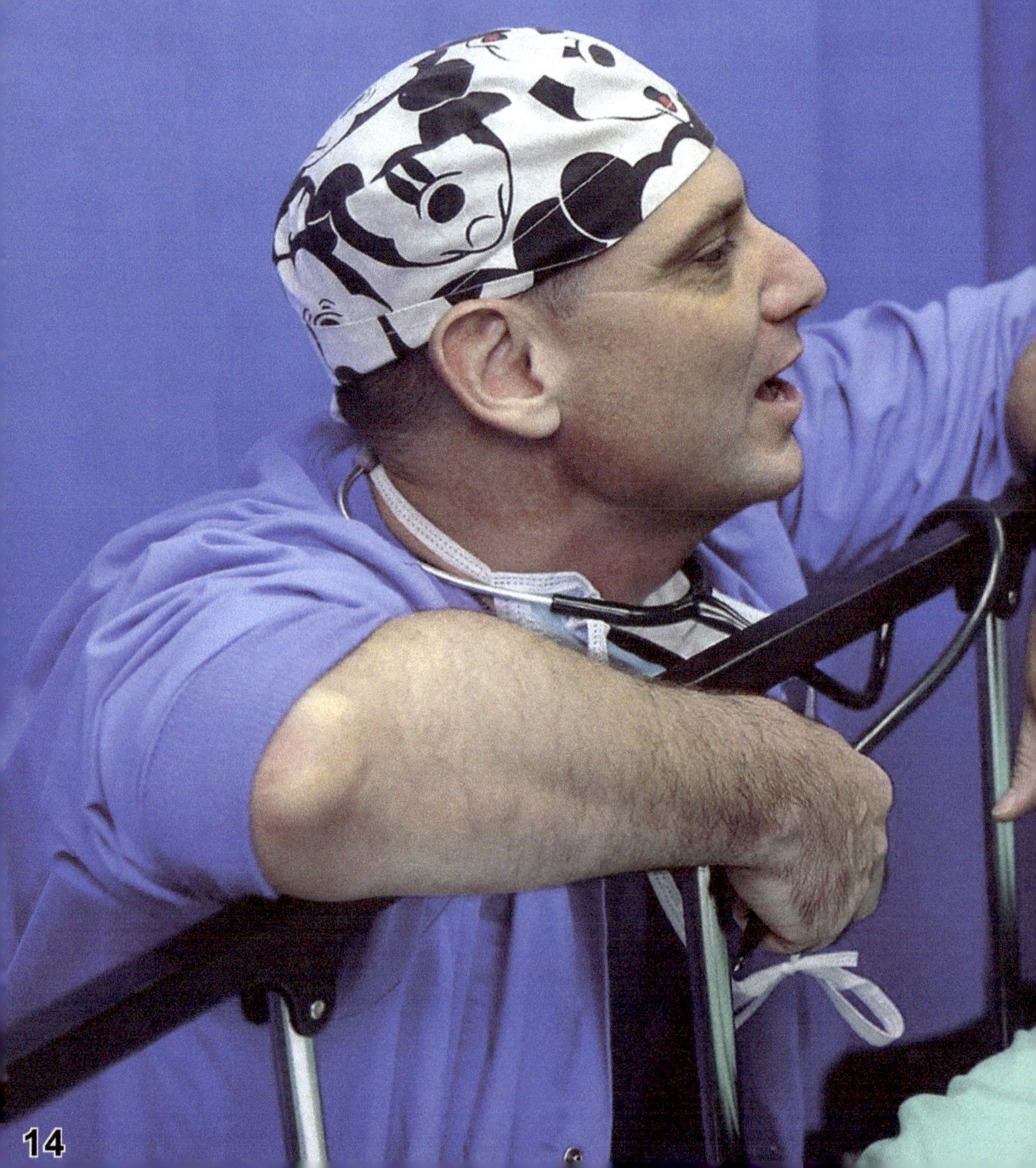
ເດັກທຸກໆຄົນມີສິດ
ໄດ້ຮັບການປິ່ນປົວພະຍາດ.

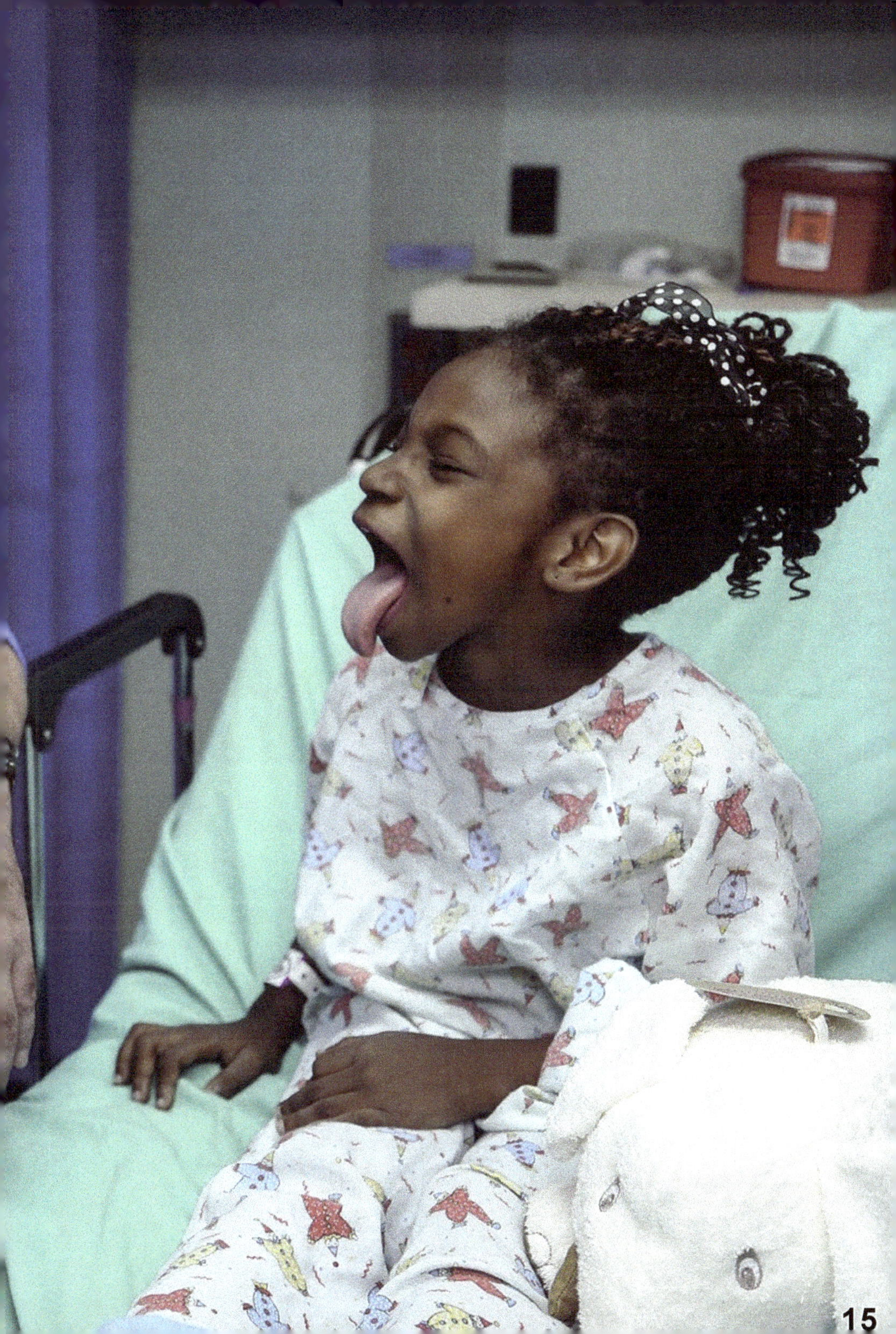

ເດັກທຸກໆຄົນມີສິດທິ
ໄດ້ຮັບການເບິ່ງແຍງພິເສດ
ແລະ ໄດ້ຮັບການຊ່ວຍເຫຼືອ
ຖ້າວ່າພວກເຂົາມີຄວາມພິການ.

ເດັກທຸກໆຄົນມີສິດ
ໃນການມີໝູ່ເພື່ອນ.

ເດັກທຸກໆຄົນມີສິດ
ໄດ້ພັກຜ່ອນ ແລະ ຫຼິ້ນ.

ເດັກທຸກໆຄົນມິສິດ ໄດ້ຮຽບຫັງສື
ແລະ ໄປໂຮງຮຽນ.

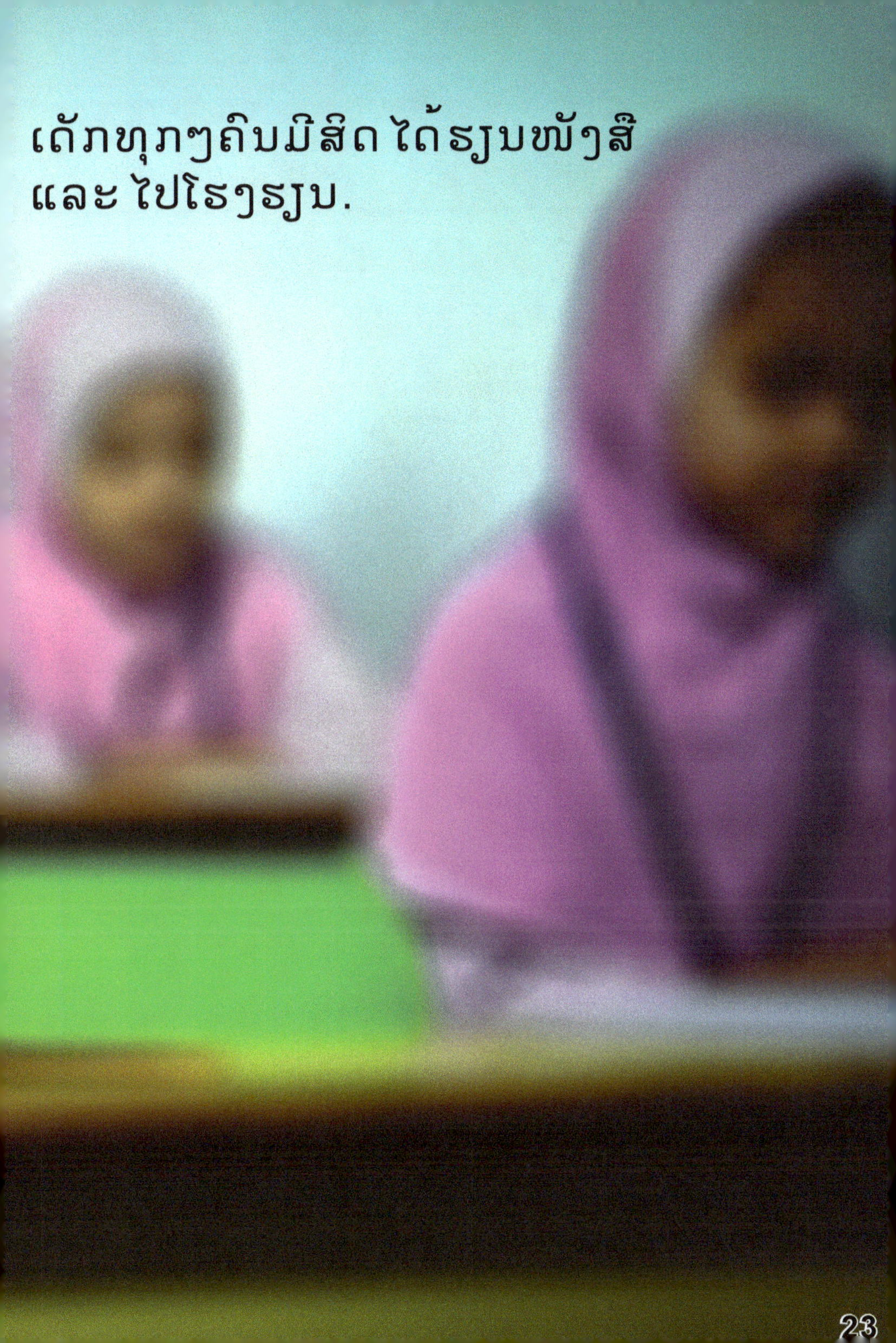

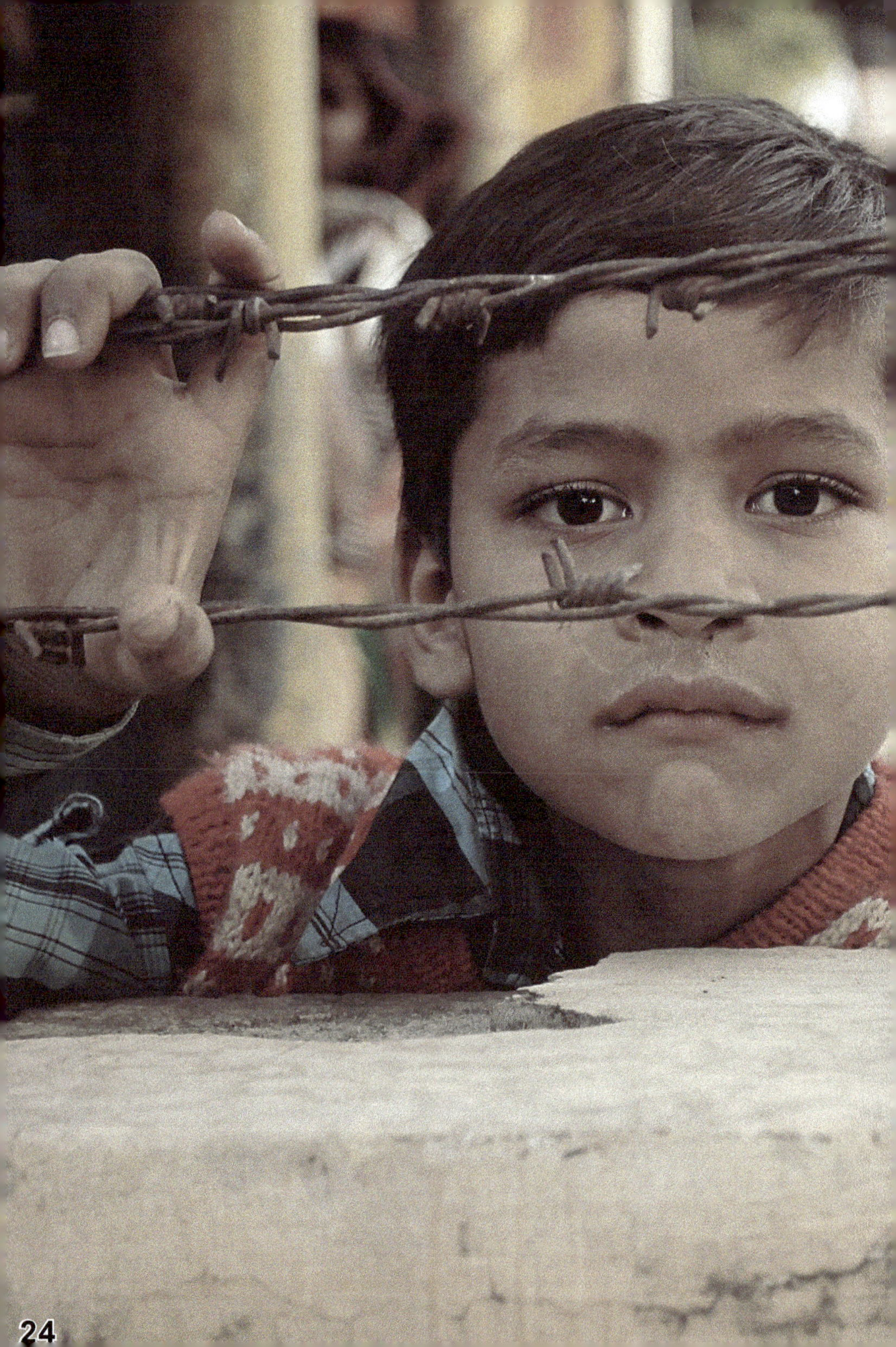

ເດັກ ບໍ່ຄວນຖືກຂາຍ, ຫຼື
ຖືກໃຊ້ແຮງງານທີ່ເປັນອັນຕະລາຍ,
ຫຼື ຖືກນຳໄປເຂົ້າຮ່ວມໃນ ສົງຄາມ.

ເດັກທຸກໆຄົນມີສິດ
ເວົ້າພາສາຂອງຕົນເອງ.

ເດັກຫຸນງຄົນນີ້ສົດ ສະເທີ້ມສະທຼ້ອງ
ວັດທະນະທຳຂອງຕົນເອງ.

ເດັກທຸກໆຄົນມີສິດ ໃນການນັບຖື ແລະ
ປະຕິບັດຕາມສາສະໜາຂອງຕົນເອງ.

ເດັກທຸກໆຄົນມີສິດ
ໃນການມີຊື່, ສັນຊາດ ແລະ
ຄອບຄົວຂອງຕົນເອງ.

ເດັກທຸກໆຄົນມີສິດ
ພັດທະນາຕົນເອງໃຫ້ດີທີ່ສຸດ,
ລວມທັງໂຕເຈົ້າເອງ.

ETROIT
Canon
G10

ຂໍ້ມູນສຳລັບຜູ້ປົກຄອງ, ຜູ້ດູແລເດັກ ແລະ ຄູອາຈານ.

ໃນປີ 1989, ອົງການສະຫະປະຊາຊາດ ໄດ້ຮັບຮອງເອົາ ສົນທິສັນຍາສະຫະປະຊາຊາດວ່າດ້ວຍສິດທິເດັກ. ຜູ້ນຳຂອງໂລກ ໄດ້ຕົກລົງເຫັນດີວ່າເດັກຄວນຈະໄດ້ຮັບ ສົນທິສັນຍາສະເພາະຂອງຕົນ ເນື່ອງຈາກວ່າບຸກຄົນອາຍຸຕ່ຳກວ່າ 18ປີ ຈະມີຄວາມຕ້ອງການໃນການເບິ່ງແຍ່ງ ແລະ ປົກປ້ອງເປັນພິເສດ. ເດັກມີສິດທິມະນຸດເຊັ່ນດຽວກັນ. ອານຸສັນຍານີ້ມີ 54ມາດຕາ. ມາດຕາ 1–42 ວ່າດ້ວຍການປະຕິບັດຕໍ່ເດັກ. ມາດຕາ 43–54 ວ່າດ້ວຍ ວິທີການ ດຳເນີນ ງານລະຫວ່າງລັດຖະບານກັບຜູ້ໃຫຍ່ ເພື່ອຄຸ້ມຄອງ ສິດທິເດັກ. ລັດຖະບານ, ອົງກອນທີ່ບໍ່ສັງກັດກັບລັດຖະບານ, ບຸກຄົນທີ່ເຫ່ຍວໄຂວອ່ຽວກັບສິດທິ, ທະນາຍຄວາມ, ຜູ້ຊ່ຽວຊານ ທາງດ້ານສຸຂະອານາໄມ,ຜູ້ຊ່ຽວຊານທາງດ້ານການສຶກສາ, ຜູ້ຊ່ຽວ ຊານທາງດ້ານການພັດທະນາຂອງເດັກ, ຈາກທົ່ວທຸກມູມໂລກ ຮ່ວມມືກັນ ເພື່ອກຳນົດມາດຕະຖານຂອງສິດທິເດັກ. ທຸກໆປະເທດຍົກເວັ້ນ ສະຫະລັດອາເມຣິກາ ແລະ ໂຊມາເລຍ ໄດ້ຮັບຮອງເອົາອານຸສັນຍາດັ່ງກ່າວ. ບັນດາປະເທດຕ່າງໆ ໄດ້ປະຕິຍານຕົນໃນການປົກປັກຮັກສາ ແລະ ຄຸ້ມຄອງສິດທິເດັກ.

ຂໍ້ມູນທາງບັນນາບຸກົມຂອງຫໍສະໝຸດແຫ່ງຊາດ

ຄົມ ສິມອນກົບິ
    ສິດທິເດັກ 3 / ໂດຍ ຄົມ ສິມອນກົບິ. -- ວຽງຈັນ : ມັກອ່ານ, 2020
    35 ໜ້າ : ພາບປະກອບສີ ; 21 ຊມ
    1. ວັນນະກຳສຳລັບເດັກ
    I. ຊື່ເລື່ອງ
808.899282 -- dc21
    ເລກທະບຽນພິມຈຳໜ່າຍ: ຕາມທບ315ພຈ 23122020
    ISBN 978-9932-09-138-6

ເຈົ້າສາມາດໃຊ້ຄຳຖາມດັ່ງລຸ່ມນີ້ເພື່ອ ຈິບທະນາກ່ຽວກັບເລື່ອງທີ່ອ່ານກັບ ຄອບຄົວ, ໝູ່ ແລະ ຄູອາຈານ.

ເຈົ້າໄດ້ຮຽນຮູ້ຫຍັງຈາກເລື່ອງນີ້?

ຈົ່ງອະທິບາຍເລື່ອງນີ້ ໂດຍໃຊ້ຄຳບັນຍາຍ
1ຄຳ. ຕະຫຼົກ? ຢ້ານ? ມີສິສັນ? ໜ້າສົນໃຈ?

ເມື່ອອ່ານຈົບແລ້ວ,
ເລື່ອງນີ້ໃຫ້ຄວາມຮູ້ສຶກຫຍັງແດ່?

ໃນເລື່ອງນີ້, ເຈົ້າມັກສິ່ງໃດຫຼາຍທີ່ສຸດ?

ກ່ຽວກັບຜູ້ປະກອບສ່ວນ

Library For All ເຮັດວຽກຮ່ວມມືກັບນັກຂຽນ ແລະ ນັກແຕ້ມ
ທົ່ວ ໂລກເພື່ອສ້າງເລື່ອງທີ່ຫຼາກຫຼາຍ, ມີຄຸນນະພາບສູງໃຫ້ກັບຜູ້
ອ່ານໂຕນ້ອຍ. ທຸກຄົນສາມາດເຂົ້າໄປ ເວັບໄຊ libraryforall.org
ເພື່ອຮູ້ຂ່າວຫຼ້າສຸດ ກ່ຽວກັບກິດຈະກຳຝຶກອົບຮົມນັກຂຽນ, ຄູ່ມືຕ່າງໆ ແລະ
ໂອກາດສ້າງສັນອື່ນໆ.

ປຶ້ມທືວນີ້ມ່ອນບໍ່?

ພວກເຮົາມີປຶ້ມຫຼາຍຮ້ອຍຫົວໃຫ້ເລືອກອ່ານ.

ພວກເຮົາຮ່ວມມືກັບນັກຂຽນ, ອົງການດ້ານການສຶກສາ, ທີ່ປຶກສາທາງດ້ານວັດທະນະທຳ, ລັດຖະບານ ແລະ ອົງກອນທີ່ບໍ່ຂຶ້ນກັບລັດຖະບານ ເພື່ອນຳຄວາມເພີດເພີນ ໃນການ ອ່ານໃຫ້ກັບເດັກນ້ອຍທົ່ວທຸກແຫ່ງ.

ຮູ້ບໍ່?

ພວກເຮົາສ້າງການປ່ຽນແປງທີ່ດີໃນຊີວິງເຂດນີ້ ໂດຍປະຕິບັດ ເປົ້າໝາຍ ການພັດທະນາແບບຍືນຍົງຂອງສະຫະປະຊາຊາດ.

libraryforall.org

www.ingramcontent.com/pod-product-compliance
Lightning Source LLC
Chambersburg PA
CBHW040204160726
48006CB00014B/1894